ISBN: 9781688246898

Copyright © 2019 Neysha Arcelay. Derechos reservados. Ninguna sección de esta publicación puede ser reproducida, distribuida o transmitida de ninguna forma o por cualquier medio, incluyendo fotocopias, grabaciones u otros métodos, sin autorización previa de la autora.

Absolución de responsabilidad: La información y las ideas presentadas en este libro son para fines educativos.

El Librito Azul

Una guía para chicas en tu desarrollo profesional.

Dedicatoria

Te quiero dedicar este libro a ti.

A ti que quieres comenzar tu desarrollo profesional pero no sabes por dónde empezar. No importa si te acabas de graduar o tienes varios años de experiencia, este libro es para ti.

No importa cuál sea tu género, tu etnicidad, tu educación o tus metas todos pasamos por momentos difíciles a la hora de enfocarnos en nuestra mejora profesional; es por ello que escribí este libro: para mostrarte el proceso que me funcionó a mí.

A través de estas páginas voy a compartir los pasos que me ayudaron a tomar las riendas de mi carrera y mis metas profesionales, en vez de esperar a que alguien me descubriera o me dijera hacia dónde ir.

¡Espero que lo disfrutes!

Contenido

Introducción 3

Capítulo 1: Encuentra tu norte 11

Capítulo 2: Mantente curiosa y elévate 28

Capítulo 3: Tus contactos 52

Capítulo 4: Pensamientos de partida 73

Agradecimientos 90

Introducción

Tal vez has estado trabajando por algún tiempo, con una trayectoria estable; no hay ninguna área que requiera mayor atención en tu desempeño, pero de todas maneras te sientes estancada profesionalmente. Es difícil de explicar, pero sientes que llegó el momento de hacer algo más. Tal vez comenzaste a sentir que faltaba algo, o tal vez tuviste una sensación de vacío, o simple aburrimiento. La mejor manera de explicar esta sensación es similar a percibir un deseo de cambiar algo que, aunque no está claro qué es, necesita atención inmediata.

Al pasar el tiempo ese deseo aumenta hasta que se convierte en la necesidad de actuar. Toma ventaja de ese momento porque no hay otro mejor para comenzar tu plan de acción. Si comienzas antes de ese momento tu plan no tendrá estructura y perderás mucho tiempo y energía. Si esperas demasiado perderás la emoción de tu nueva aventura, y probablemente optarás por la comodidad de tu situación actual, terminando decepcionada porque sabrás que pudiste haber hecho más.

Tal vez surjan algunas de las siguientes preguntas: ¿hacia dónde voy?, ¿qué puedo cambiar?, ¿cuál será mi siguiente paso?, ¿cómo sé si es la decisión correcta o es otra más de mis ideas locas?

Desde ahora te advierto que no vas a tener seguridad en ninguna de tus respuestas, pero si no haces algo al respecto te vas a volver loca, así que te recomiendo que te tomes el tiempo para descifrarlo.

La mejor manera de comenzar es definir cuál es tu intención. Toda actividad fructífera debe comenzar con una intención de tu parte. Para lograr esto tienes que explorar profundamente cuales son las áreas que realmente te apasionan. Tu desarrollo profesional está en tus manos, y si estas leyendo este libro, éste es el mejor momento y vamos a comenzar tu nueva trayectoria juntas.

Y entonces comenzarán las excusas y pensamientos limitantes: pero es que mi familia no tiene conexiones; soy una mujer en un entorno laboral donde la mayoría son hombres; trabajo con mucha gente grosera; quiero la posición de "_____", pero tengo niños pequeños y son mi prioridad; y otros pretextos más.

Perdona mi franqueza, pero tienes que deshacerte de las excusas, pues al final de cuentas, tú eres tu propio obstáculo. Para tu información soy mujer, madre, considerada minoría en el estado donde vivo y por más de 20 años he trabajado en áreas donde la mayoría son hombres. Quizás, al igual que tú, cumplo con muchos estereotipos, pero creo firmemente que todos tenemos opciones: podemos escoger ser víctimas de las circunstancias que nos rodean o usar esas circunstancias para fortalecernos y dar el siguiente paso para subir el próximo escalón.

¡Esa es la clave! Es una escalera y no un elevador. Debes establecer metas pequeñas, que no solo te permitan celebrar pequeñas victorias, pero también generen la motivación para continuar tu trayectoria.

Comencemos con tres pasos simples:

Paso 1: deshazte de los "peros" y de cualquier negatividad en la pregunta "¿Qué pasaría si ___ ?"

No hay nada que mate la creatividad más rápido que pensar en las posibilidades de cómo puedes fallar. Estar preparado es una cosa, pero otra muy diferente es el confundir preparación con pensamientos negativos porque estamos hablando de tu futuro. Es importante que entiendas que tus miedos y limitaciones provienen por el miedo a fallar, unido a las inseguridades creadas por la percepción de éxito que hemos visto en los demás. Pero esto no es justo para ti, porque lo que trabaja para ti puede que no trabaje para otros y viceversa. Como todo proyecto, debes pensar en los riesgos reales que tú enfrentarás y buscar alternativas, pero se cautelosa de no caer en el círculo vicioso de sobre analizar tus opciones. Te aseguro que la mayoría del tiempo estarás sobre analizando un riesgo que no existe.

Paso 2: Toma papel y lápiz

Ninguna propuesta seria o negocio creíble ha tenido éxito tan solo hablando de ello. Lo puedes imaginar, visualizar, afirmar, pero también lo tienes que planificar. Piénsalo: ¿aceptarías una propuesta de negocios sin ningún plan que lo sustente? Imagina a un contratista que vaya a tu casa y verbalmente describa el trabajo que podría hacer. ¿Le pagarías al instante?

Como cualquier proyecto formal, vamos a formular una estrategia y un plan de ejecución con intenciones firmes. Nos vamos a preparar para tener éxito, y para ello vamos a combinar de la mejor manera nuestras fortalezas, necesidades y deseos. Vamos a prepararnos bien, pero teniendo en mente que esta preparación nunca va a ser perfecta. Imagina que vamos a hacer un contrato con nosotras mismas. Vamos a definir nuestro enfoque hasta estar seguras de que podemos comenzar a ejecutar. A partir de ese punto, evolucionaremos y corregiremos como sea necesario. Como me dijo una consultora en el pasado: "Nunca está terminado, sólo se nos acaba el tiempo".

Paso 3: Tómalo en serio

La única manera de tener resultados positivos es dedicándote a tu plan. No puedes tener éxito esforzándote a medias o pensando que "se hará cuando se pueda". La mejor manera es establecer una fecha límite: debes completar tu plan de desarrollo profesional en la fecha establecida, y para que eso pase es mejor descomponer tu plan en pequeños pasos realizables.

Necesitas disciplina para dedicarle el tiempo y el esfuerzo necesario. Haz tiempo para ti misma, y preferiblemente, de una manera consistente para que puedas crear las expectativas correctas y te puedas preparar para enfocarte completamente. Tal vez el domingo en la mañana antes de que todos se levanten o tal vez durante la semana reservas un salón de conferencias durante el almuerzo.

Separa tiempo única y exclusivamente para ti. La pregunta es: ¿estás lista para comprometerte contigo misma? Yo, por mi parte, estoy lista para comenzar este trayecto contigo.

Capítulo 1: Encuentra tu norte

Yo escogí mi grado académico de manera muy práctica. Sabía que la ingeniería era la ruta ideal dado que siempre me ha apasionado resolver problemas, pero necesitaba un grado académico que fuera lo suficientemente versátil para garantizar empleo consistente, y así poder pagar mis préstamos estudiantiles. Cuando eres parte de una economía frágil, estás constantemente pendiente de las escasas oportunidades de empleo y una vez que estás empleada, vives con la angustia de ser despedida. Fue así como escogí ingeniería industrial, un grado académico con profundas raíces en sistemas operacionales que puedes aplicar en cualquier industria. También incluí cursos en ingeniería eléctrica e ingeniería de computadoras lo cual me permitió codificar, construir y poner cables a controladores lógicos programables y a paneles de control, por si acaso lo necesitaba. Tengo que admitir que estos últimos cursos son increíblemente útiles con las luces de navidad.

    Una vez que tuve mi primer trabajo, el temor de quedar desempleada nunca desapareció realmente, aunque ahora me doy cuenta, no tenía nada de qué preocuparme. Te diré que mi hermano y yo heredamos la terquedad de mi padre, su incapacidad para considerar que sus logros eran suficientes y su increíble ética laboral. Las dos últimas características son un beneficio incalculable para cualquier jefe, pero no es tan bueno para nuestra salud física, emocional y espiritual.

    Nos enseñaron a trabajar, y a trabajar muy duro para tener logros, ¿para lograr qué? Nunca estuve muy segura, pero necesitábamos tener muuuuuuuchos logros. Trabajamos enfermos, decepcionados, agotados... trabajar, trabajar, trabajar. Mis evaluaciones de rendimiento siempre han sido las mismas: se desempeña por encima de las expectativas, supera las expectativas, o la última evaluación: supera significativamente las expectativas. Un jefe me dijo una vez: "Tú prefieres enfermarte que fracasar en el trabajo". En aquel momento lo tomé como un cumplido, pero debí haberlo tomado como una señal de advertencia.

En resumen, siempre he sido la combinación perfecta y deseada por cualquier jefe. Trabajar sin parar y vivir con miedo de perder mi trabajo.

Cuando miro hacia atrás, nunca me detuve a pensar en lo que me motivaba. Por otro lado, nunca tuve cerca de alguien completamente satisfecho con su carrera, por lo que nunca supe que era una posibilidad. No quiero que me malinterpretes: no me arrepiento; para mí eso era lo "normal" y nunca me detuve a pensar en alternativas. El problema con este estilo de vida es que, aunque si vas a lograr muchas metas, a obtener grandes proyectos, serás ascendida y adquirirás los títulos de lujo, también te vas a agotar rápidamente. Un día, mientras arrastras los pies para llegar al trabajo, dejas de tener resultados excepcionales y no puedes identificar con exactitud lo que te pasó.

¿Qué si tuve éxito? Puede que lo veas así. Después de todo, tenía un salario excelente, un carro de lujo y el título súper largo. Todas esas cosas se consideran signos de éxito en nuestra sociedad. ¿Pero estaba satisfecha? ¡No!

No lo reconocí como agotamiento en ese momento, pero era consciente de los síntomas y recuerdo preguntarme muchas veces: "¿Qué me está pasando?" Algunas de las señales que recuerdo:

- Yo siempre había sido una persona mañanera y ahora no podía despertar a tiempo.
- Detestaba deslizar mi tarjeta de acceso a través del lector en la entrada de las oficinas. Odiaba el sonido del "bip" seguido de la luz verde que indicaba que estaba "adentro". Deseaba tanto que fuera rojo.
- Las tareas que solían tomarme 15 minutos, ahora me podían tomar una hora para completar, lo que terminaba resultando en largas noches de trabajo.
- Comencé a ingerir alimentos que no le proveen a tu cuerpo el combustible apropiado para mantenerte con energía (no estoy juzgando a nadie, sólo que he preferido tener un enfoque alimenticio más equilibrado).

- Tuve problemas estomacales constantes.
- Me sentía agotada con frecuencia, incluso si me acababa de despertar.
- Tenía un constante estado de ánimo irritable.
- Estaba completamente desconectada en el trabajo.

Recuerdo haber pensado que tal vez si obtenía un nuevo proyecto, esto me animaría, sin tener en cuenta el otro millón de cosas que tenía bajo mi responsabilidad. También pensé que tal vez debería hablar con alguien, pero no quería ser una carga para nadie más. Me encantaba ser autosuficiente y eso no iba a cambiar pronto.

Qué ingenua...

Debí haberme conseguido un mentor. Debí haber tenido una idea de mis motivaciones personales y mis pasiones. Debí haber seguido explorando varios caminos bajo la guía de mi propósito. Debí... pero entonces no habría tenido la inspiración de escribir este libro para ti, ¿verdad?

¡Así que... DE NADA por pasar por tantos tropiezos para servirte como recurso!

Hoy en día, en mi papel de mentora o consejera, siempre comienzo con dos preguntas: ¿qué significa el éxito para ti? ¿por qué esa visión de éxito te haría feliz? También comparto la importancia de tres ideas básicas: pensar creativamente sobre tu carrera profesional, crear un objetivo final y desarrollar un plan básico para llegar a ese objetivo. Para comenzar a pensar en ello de manera efectiva, siempre ayuda hacer una autoevaluación. Esto es de suma importancia importante porque se convertirá en tu guía. Básicamente, te estoy preguntando a dónde vas, ya que, hasta que definas tu destino, cualquier vehículo al que subas y cualquier camino que tomes te parecerá el mejor.

A través de tu vida, todos tus viajes deben comenzar entendiéndote a ti misma. ¿Qué te hace feliz? ¿qué te motiva? ¿qué te hace brillar? ¿qué te energiza? Y lo más importante: ¿cuáles son tus valores?

Vamos a imaginar que no hay límites e imagina por un momento que tienes todas las habilidades, recursos financieros, etcétera. Este paso es difícil, especialmente cuando te enfrentas a una hoja de papel en blanco, pero asumiendo que tienes recursos ilimitados, ¿cómo te gustaría que fuera tu vida? ¿cuál es el norte de tu brújula?

Es muy importante entender cuál es tu norte, ya que a lo largo de tu carrera y de tu vida, habrá muchos momentos de cambio. Muchas veces lo que parece bueno ahora, puede que no sea tan buena opción más tarde. A veces habrá ocasiones en las que sientas que los caminos delante de ti van en contra de tus valores. Tener una perspectiva básica de tu visión final, sostenida por tus valores personales, te ayudará a establecer todo lo que no es negociable.

¿Cómo te gustaría ser recordada? ¿cómo te gustaría que la gente se sintiera en tu presencia? ¿cómo te gustaría percibirte a ti misma? Cuando piensas en tus sueños, ¿que ves?

Todas estas preguntas son clave para dar estructura a tus pasiones, propósito y últimamente, tu camino. En el mundo empresarial, esto es equivalente a la misión y visión de la empresa. ¿Qué vas a hacer? ¿a quién le sirves? ¿cómo lo harás? Aunque debes revisar y actualizar tu propósito (visión y misión) periódicamente, la esencia debe permanecer similar. Por ejemplo, si tu propósito es ser un recurso para mejorar la vida de otras personas, cuando vuelvas a revisar en unos meses, probablemente no será hacerle la vida miserable a los demás. Otra nota importante es que ser rico y generar mucho dinero no es un propósito; puede ser el resultado de seguir tus pasiones dirigida por tu propósito, pero no es el propósito.

¿No tienes un propósito o no puedes pensar en una pasión? No te preocupes. Piensa en lo que te energiza, lo que te hace feliz y lo que te satisface. Uno de mis libros favoritos sobre este tema es "Claim Your Power" de Mastin Kipp. En este libro, el autor te guía a través de los momentos más significativos de tu vida, lo que resulta en la identificación de tu propósito, y te permite vivir una vida poderosa.

Otro enfoque es a través de un poco de introspección profesional:

Vamos a repasar tu carrera y experiencia profesional en general. Utiliza tu currículum como guía, especialmente si has sido parte de la fuerza laboral por un tiempo. Supongamos que has trabajado con varios equipos de trabajo, quizás a través de proyectos, trabajo voluntario, empleos previos, etcétera. A lo largo de tu experiencia, probablemente hayas tenido asignaciones, proyectos especiales y/u otras oportunidades que te energizaron mucho, mientras que algunas otras te hicieron desear haber pagado para que alguien inventara la máquina de viajar a través del tiempo, para así terminar de una vez por todas con tu proyecto. Ahora si la mayor parte de tu trabajo la has pasado deseando tener acceso a la máquina de viaje en el tiempo, tenemos otro problema y este ejercicio no será útil para ti, pero supongamos que tienes algún tipo de balance entre asignaciones buenas y no tan buenas. Piensa en esas experiencias en detalle. Y quiero que pienses con mucho detalle. Piensa en quién te hizo el acercamiento: ¿qué aspecto tenía esa persona? ¿cómo te sentiste con su petición? La tarea o el proyecto ¿estaba orientada con tus habilidades y destrezas? ¿tenías que trabajar sola o con otros? ¿cómo se sintieron los compañeros de equipo involucrados? ¿fue un proyecto fácil o desafiante? ¿cuál fue la parte más sencilla? ¿cuál fue la parte más difícil? ¿cuánto tiempo pensaste que te llevaría completarlo? ¿cuánto tiempo tomó realmente? ¿cómo te sentiste después de finalizarlo? ¿cuál fue el resultado final?

Como ejemplo, usaré mi propio caso.

Durante una temporada muy intensa en mi compañía, el jefe de mi jefe me preguntó si podía ser la consejera para la próxima clase de estudiantes de verano. Para ser honesta, me enojé bastante. Recuerdo haber pensado: - ¿No había nadie más disponible para eso? ¿por qué siempre termino yo con más trabajo?

Entonces comencé a hacer preguntas (fuera de mi mente esta vez):

Yo: - ¿Cuántos estudiantes?
El jefe del jefe: - Seis.
Yo: - ¿Qué harán una vez que estén aquí?
Jefe del jefe: - Serán asignados a varios departamentos.
Yo: - ¿Tienen proyectos específicos? ¿cómo es el programa actual?

Jefe del jefe: - Hay un programa de desarrollo para estudiantes, pero el enfoque en la identificación de los mejores candidatos (reclutamiento). No hay mucho material desarrollado una vez que están con nosotros.
Yo: - ... (silencio)
Jefe del jefe: - ... ¿Entonces?
Yo: - Entonces realmente me estás pidiendo que diseñe un programa para estudiantes antes de que lleguen, lo que me deja con casi dos meses para hacerlo y usar a los próximos estudiantes como conejillo de indias. ¿Te entendí bien?
Jefe del jefe: - ¡Sabía que podías hacerlo!
Yo: - (suspiro)...

Y así fue como comenzó el programa para desarrollo de estudiantes de mi compañía. ¿Adivina qué? Me divertí mucho haciéndolo. Usé mi experiencia en diseño y desarrollo de programas en un nuevo contexto, lo que me permitió poner a prueba la capacidad de transferencia de mis habilidades. Enlisté a algunos compañeros de trabajo para representar a sus departamentos. Juntos, se nos ocurrieron proyectos increíbles que desafiaban a los estudiantes y a la vez, ayudaban a cada uno de nuestros departamentos. Luego identificamos a un representante de alto cargo en cada departamento para servir como mentor de un estudiante de otro departamento. Al final del programa, documentamos todo lo que hicimos, ajustamos algunos elementos para generalizar algunos de los detalles y usamos ese programa como base para futuros grupos de estudiantes. Al año siguiente, transferí ese programa a otra persona mientras yo servía como asesora del grupo de liderato del programa. Lo pasé de maravilla, pero además de eso, me ayudó a identificar algunas áreas que personalmente podría desarrollar y muchas otras donde podía servir como un recurso. También me ayudó a distinguir habilidades que eran transferibles y los departamentos donde esas habilidades podrían ser aplicadas. En pocas palabras, me ayudó a identificar mi próximo movimiento profesional.

De vuelta a ti. Comencemos con la lista común pero temida de pros y contras. Lo siento, pero esa lista es el comienzo de muchas cosas, y como mencionamos, debemos tomar papel y lápiz para hacer esto una realidad. Como compartí antes, utiliza tu currículum como guía. Si estás en tu primer cargo fuera de la escuela, piensa en tus proyectos y actividades extracurriculares durante la secundaria o la universidad. Siempre hay mucho que descubrir ya que a veces sin darte cuenta, estamos expuestos a múltiples funciones.

Necesito que pienses en tus trabajos anteriores y en sus detalles. Quiero compartir contigo un par de preguntas para empezar. Escribe las respuestas en tu cuaderno:
- ¿Cuál fue tu trabajo favorito?, ¿por qué?
- ¿Cuál fue la parte favorita de ese trabajo?
- ¿Qué parte del trabajo hizo que fuera tu favorito?
- Dentro del mismo trabajo, ¿qué tareas no te causaban emoción alguna cuando las completabas?
- ¿Qué cosas no te gustaban tanto?
- ¿Cuál era tu labor más odiada?
- ¿Por qué la odiabas tanto?
- ¿Cuál fue la parte más agotadora de ese trabajo?
- ¿Alguna vez obtuviste una asignación especial? ¿cuál fué?
- ¿Había algo bueno en alguna asignación?
- ¿Cuál fué la parte buena?
- ¿Te sentiste renovada u odiabas el tiempo que pasabas en ella?
- ¿Cuáles fueron algunos de tus logros?
- ¿Qué pasó después?

¡Adelante, piensa... y escribe!

Ahora que has pensado un poco en tu trayectoria, vamos a enfocarnos en lo que te gusta y también en lo que no te gusta; vamos a pensar en tus fortalezas y debilidades, esto puede ser similar a las destrezas en la que eres buena o en las que no eres buena, aunque personalmente prefiero pensar más en lo que produce una experiencia estimulante *versus* lo que te agota emocionalmente. Porque naturalmente estarás inclinada a tareas estimulantes y querrás hacer más de eso, por lo que eventualmente te volverás buena en ello. Es importante destacar que no todas las experiencias estimulantes te harán feliz todo el tiempo. Habrá desafíos difíciles, pero la diferencia es que estos desafíos deben ser temporales. Para esto, es importante desarrollar una fuerte resiliencia en el proceso de lograr tu meta. Gay Hendricks en su libro "Big Leap" describe este concepto de una manera excelente. El autor, nativo de Florida, quería aprender a esquiar en la nieve. Las primeras veces que lo intentó, se sentía como si le hubiese pasado un tractor por encima, pero estaba decidido a realmente disfrutar del esquí, por lo que siguió intentando hasta que logró sentirse cómodo.

Es difícil hablar de resiliencia cuando todo lo que haces parece tan difícil. Personalmente, creo que la resiliencia está completamente conectada a la capacidad de vivir una vida con propósito. Vuelve a tu visión y a tus valores fundamentales, que en lo personal son los elementos que guían el 95% de mis decisiones. Cuando tratas de decidir si debes seguir intentándolo o debes darte por vencida, la decisión final deberá regirse por tu meta final y propósito, sin poner en peligro los elementos que te definen. También debes considerar que tanto deseas lo que estás buscando y si estás dispuesta a pasar por varias pruebas para lograrlo, no importa lo miserable que parezca el proceso; hay una gran diferencia entre una derrota temporal y una existencia miserable.

Para mí, el éxito se compone de la siguiente manera: 50% decir presente, 25% confiar en ti misma y en el valor que sabes que puedes proporcionar, y el 25% restante es resiliencia para no rendirte. ¿El próximo paso? **¡Mantente curiosa y elévate!**

Capítulo 2: Mantente curiosa y elévate

Creo que si le hecho una ojeada a mi vida a una distancia de 25,000 pies de altura, notaría que he sido muy consistente en ser inconsistente. No me malinterpretes: soy una persona muy estructurada, planificadora por naturaleza cuya vida gira alrededor de las listas de cosas pendientes. Sin embargo, he aplicado estos rasgos en muchísimos entornos, y he tratado tantas cosas como me han sido posibles. Si hay un proyecto que requiere ayuda temporal, levanto la mano; si están buscando a alguien que guíe a un nuevo empleado, levanto la mano; si alguien necesita ayuda durante un período de transición... ya sabes cómo va la cosa. Estas oportunidades me han dado visibilidad a diferentes áreas de trabajo, lo que me permite experimentar de primera mano, lo que significa trabajar en esa área por un día. A veces lo que se suponía que fuera un día en esa área se convierte en un par de meses, pero se entiende la idea.

Debes tener cuidado con esta estrategia, porque si las nuevas tareas no se alinean con tu propósito, objetivos principales y felicidad en general, puedes terminar agotada rápidamente. Sin embargo, si eres cautelosa en la manera que te presentas, puedes obtener una gran cantidad de conocimientos en un período muy corto. Dos elementos con los que debes tener precaución: 1. asegúrate de que cuando te comprometas con algo adicional, realmente tengas la capacidad de hacerlo; y 2. asegúrate de que estableces límites personales firmes.

Recuerdo un período en mi carrera en el que me ofrecí como voluntaria tantas veces que cuando dejé de levantar la mano porque ya no podía con la carga adicional, entonces me asignaban los proyectos automáticamente. Al principio, me sentí halagada, pero con el tiempo me di cuenta de que era fácil para mis jefes asignarme lo que fuera que necesitaran para tener el trabajo hecho. Después de todo, ya me había ofrecido como voluntaria para muchísimas otras asignaciones, y siempre se completaban a tiempo y bajo el presupuesto asignado. Cuando eso sucede, típicamente eres recompensada con más trabajo. Eso culminó en resentimiento de mi parte. Por ello, la clave es detenerte, evaluar dónde estás, hacia dónde vas y evaluar tu situación considerando varios puntos de vista. Este desafío puede ser una oportunidad para iniciar una conversación maravillosa sobre tu carrera. En mi caso en ese momento, la sobrecarga de trabajo se convirtió en un problema porque yo era demasiado tímida para abogar por mí misma, yo necesitaba seguridad laboral, y me sentía muy afortunada de tener la oportunidad de trabajar para una empresa tan grande.

Siempre he sido ingeniosa y buena solucionando problemas, así que tuve buenos resultados, aunque en ese momento me afectó física y emocionalmente. Sentí como si hubiese sido una eternidad los varios meses de trabajo que continúe con los proyectos adicionales. Sentí que me estaba ahogando, hasta que reuní el valor de levantar la mano y tomé la decisión de detener la sobrecarga de trabajo por completo: renunciando. Mirando hacia atrás, no fue una decisión muy inteligente.

He tomado muchas decisiones basadas en emociones poderosas (típicamente, miedo) pero no hace falta decir que no siempre producen el mejor resultado, pues el problema de no hacer una autoevaluación puntual de la causa y el efecto de las decisiones que tomaste en el pasado y que condujeron a la situación actual, es que repetirás ese patrón en tu nuevo rol. Ahora uso mis emociones como mi brújula: si tengo miedo, vuelvo al punto inicial para evaluar los efectos de mi situación actual y determinar la verdadera causa del desafío que enfrento.

Después de una serie de decisiones no tan inteligentes, me obligué a hacer una autoevaluación. Como resultado determiné que para poder prosperar, necesito lo siguiente:
1. Sentir que siempre estoy aprendiendo algo
2. Sentirme desafiada pero apoyada
3. Debo sentir que lo que hago apoya una visión más grande y que está alineada con mi propósito personal

Si no tengo estos elementos, funciono como un robot hasta que me siento lo suficientemente abrumada como para pasar al modo de supervivencia. Es importante señalar que yo no espero que todas estas cosas me sean otorgadas, porque nadie me dará nada, pero puedo trabajar creando mi propio entorno en el cual pueda funcionar con los tres preceptos anteriores.

Me tomó muchos moretones y cicatrices entender esto, pero me hizo la vida mucho más fácil. A continuación, te muestro como.

Digamos que tienes un trabajo y te sientes de maravilla. Es el mejor trabajo que has tenido en tu vida o un trabajo mejor de los que jamás habías podido desear. ¿Será 100% perfecto todo el tiempo? ¡Absolutamente no! ¿puedes hacerlo perfecto para ti? ¡Claro que sí! Así es como lo hice.

Para empezar, necesitaba entenderme mejor, y eso incluía trabajar todos los días en mejorar mis percepciones y creencias. *NO* necesito saberlo todo sobre todas las cosas. Además, sé que voy a hacer el ridículo de vez en cuando, en especial al tratar de hacer cosas nuevas. El bochorno pasará... y si no pasa, lo único que saldrá lastimado es mi ego. También he llegado a la conclusión de que el ego ha sido muy útil para mantenerme a salvo en momentos de gran peligro, pero no es la mejor herramienta para tomar decisiones en el día a día. Así mismo, he llegado a entender que con el fracaso viene el conocimiento. La forma en que lo veo es que, con tantas experiencias fallidas, técnicamente la lista de cosas no conocidas debe ser cada vez más corta. Voy a cometer un error tonto, y eso está bien. Incluso las mentes más brillantes han tenido sus "momentos no muy inteligentes" o alguna situación de la que no estuvieran muy orgullosos.

Con todo lo anterior claro y establecido dentro de mí, comencé a crear mi propio plan de desarrollo.

Hay un libro fantástico que me recomendó mi cuñada llamado "The First 90 Days" de Michael D. Watkins. En ese libro, encontré un gran ángulo aplicable al desarrollo de un plan para mi éxito personal. Lo leo de vez en cuando para asegurarme de que mi enfoque es fresco al desarrollar mis propias estrategias de crecimiento.

Para mi plan de desarrollo utilizo tres pilares: mi trabajo actual, mis aspiraciones profesionales y mis metas personales.

Mi trabajo actual:

Estudio cuidadosamente la descripción de mi posición actual. Es muy importante evaluar los requisitos y expectativas para las responsabilidades enumeradas. A eso, puedes añadir las "responsabilidades adicionales" que forman parte de tu trabajo al día de hoy.

Mi ejercicio se ve así:

Luego me pregunto:
- ¿Cuál es la razón de las deficiencias?
  - ¿Esas deficiencias son aplicables a mi trabajo todavía? (Obsoletas, transferidas a otra posición, etcétera)
  - ¿Estoy capacitada para hacerlo?

- o ¿Necesito aprender algo más para hacer mi trabajo hoy?
- ¿Cuál es la razón de las tareas en exceso?
  - o ¿Son necesarias para mi trabajo, para mi objetivo?
  - o ¿Necesitan ser agregadas a mi descripción de trabajo?
  - o ¿Me pidieron que hiciera estas tareas, o me ofrecí para hacerlas?

Luego de eso, enumero las habilidades que he dominado y las habilidades que todavía estoy tratando de desarrollar. También destaco las tareas en exceso que no son necesarias ni para mi trabajo ni para mi propósito. Eliminar estas tareas en exceso proporcionará el tiempo para desarrollar habilidades clave que necesito para seguir adelante.

Mis aspiraciones profesionales:

Si bien es importante tener una comprensión de tu posición actual, también es muy importante ser consciente de que no sólo vas a crecer en este, sino que también, con suficiente tiempo, crecerás *fuera* de él. Esto significa que una vez que sientas que tienes una comprensión de tus responsabilidades, deberías empezar a pensar en tu próximo movimiento.

En mi caso, va más o menos así:
- En función de mi propósito y mis valores fundamentales (como lo describí en el capítulo Encuentra tu norte), ¿hay alguna posición que parezca interesante, atractiva y que se alinee con mi propósito?
- ¿Qué dice la descripción del trabajo?
- ¿Conozco a alguien que haya hecho efectuado esa posición de manera efectiva?
- ¿Investigaste la posición? ¿no? Investiga mucho. ¿sí? Investiga muchísimo más.
- ¿Qué destrezas o habilidades necesito para ejecutar esa posición de manera efectiva?
- ¿Qué habilidades debo adquirir?
- ¿Parece que estoy sobrecalificada? Si es así, ¿sería ese el movimiento correcto, o sería un trampolín hacia una posición mejor?

Ahora debería tener dos conjuntos de deficiencias que proporcionen áreas que necesito desarrollar. El primero es el conjunto de deficiencias para mi posición actual y el segundo es el conjunto para la posición deseada. Ya casi llegamos.

Mis metas personales:

En este momento, debes tener claro tu camino profesional, pero tú eres más que tu trabajo: eres una persona con deseos y sueños, y eso también tiene que entrar en la ecuación. Así que volvamos a la evaluación del propósito (como se describe en el capítulo Encuentra tu norte):

- ¿Qué me hace feliz?
- ¿Cómo me gustaría que me recordaran?
- ¿Qué me satisface?
- ¿Cuál es mi zona genio?
- ¿Qué actividades puedo hacer o qué servicio puedo proporcionar que me ayuden a lograr esta meta?
- ¿Qué actividades estoy haciendo hoy que consumen mi tiempo, pero no contribuyen a mi crecimiento profesional o personal?

¡La tercera vez es la vencida!

Ahora combino las tres listas de deficiencias y considero las actividades y las responsabilidades que tienes a cargo hoy. Compara y contrasta para que identifiques similitudes y sinergias entre los objetivos actuales y/o a largo plazo. ¿Qué tal un cuadrante para demostrar los resultados?

Elimina las actividades que no tienen valor añadido, busca alternativas en las que estés involucrada pero no consumida y otras que sirvan a un doble propósito. Puedes hacerlo de cualquiera de las siguientes maneras:

a) Delega: "¡Aquí hay una oportunidad de desarrollo profesional para ti David!"
b) Excúsate, en especial si es un trabajo voluntario. Tal vez en lugar de trabajar, sirves en la junta de directores, lo que te ayudará profesionalmente también.
c) Habla con tu supervisor y descubre lo que puedes intercambiar.

En cuanto a las deficiencias en tus habilidades, debes explorar qué posibilidades existen para mejorar. Para ello, siéntete en la libertad de pensar tan creativamente como puedas, pues el cielo es el límite: ¿hay algún nuevo proyecto especial para el que puedas ser voluntaria?, ¿puedes ser la ayudante de alguien?, ¿puedes tomarte una taza de café con alguien que sea realmente bueno en la habilidad que estás tratando de dominar?, ¿hay alguna asociación profesional a la que puedas unirte?

También puedes empezar por educarte en las áreas donde tienes deficiencias a través de libros, "podcasts" y entrenamiento.

¡Ahora que tienes una sólida comprensión de tu plan para mejorar tus deficiencias, compártelo con tu supervisor y *pide sus comentarios*!

Créeme, un buen supervisor estará feliz de ver que estas tomando las riendas su carrera. Tienes que ser cautelosa porque algunos jefes no son tan buenos en proporcionar comentarios, pero si este fuera el caso con tu supervisor, te recomiendo que te enfoques en el contenido de los comentarios y evita que el método te afecte demasiado. En otras palabras, concéntrate en la esencia del mensaje y evita que el tono te saque de balance. Pregúntate a ti misma: ¿este comentario se aplica a mí?, ¿se trata de diferencias en los estilos de trabajo o es una observación válida?

Dale seguimiento periódicamente para asegurarte de que tu gerente está al tanto de tu carga de trabajo y de tu progreso hacia tu meta.

A continuación, te muestro un ejemplo de una agenda para las reuniones con tu gerente:

- Resumen de las acciones de la discusión anterior y el estado actual
- Prioridades actuales
- Lo que está funcionando y lo que no
  - Soluciones que has pensado para los problemas que enfrentas
- Metas profesionales y tu plan para alcanzarlas
- Nuevas oportunidades de desarrollo
  - Oportunidades que has pensado por tu cuenta
  - Ideas de tu gerente u otro líder
- Comentarios y sugerencias (mutuas)

¿Note sientes cómoda con tu gerente? Habla con alguien en quien confíes y a quien admires.

Una vez que tengas un plan sólido, ¡dale seguimiento a tu progreso!

Una forma de hacerlo es dándole seguimiento a tus logros *mensualmente*. ¿Qué quiero decir con logros? Quiero decir que el jefe sabe (o debe saber) cuáles son mis responsabilidades principales. Lo que esa persona necesita saber es cómo mejoraste tu trabajo.

Por ejemplo:
- *Antes*: Revisión y análisis de diversos indicadores de rendimiento, estadísticas del sistema y desviaciones para identificar tendencias, que se utilizan con fines de planificación y para establecer controles preventivos según sea necesario.
- *Después*: reduje las desviaciones presupuestarias en un 12% y tiempos de inactividad del sistema por un 32% a través del diseño y uso de métricas de control. Esto dio lugar a estimaciones sólidas y a una mayor precisión de la planificación.

¡WOW! ¡Esa chica es fenomenal y la necesito en mi equipo ya! Oh espera, esa fui yo.

No es broma, tenía un recordatorio en mi calendario cada dos semanas alertándome que era hora de documentar mis logros. También recomendaba que mi equipo hiciera algo similar. Si sigues esta sugerencia, durante tu período de evaluación de rendimiento puedes elegir las cosas más interesantes de tu lista, en lugar de esperar a que tu jefe se dé cuenta, recuerde o mencione lo que hiciste. Créeme, la mejor manera de ser notado por tu jefe es haciéndole la vida más fácil.

También necesitas una persona con quien puedes intercambiar ideas y que te desafíe para convertirte en una mejor profesional. Tu gerente puede ser esta persona. He tenido gerentes excelentes, gerentes más o menos, y gerentes mediocres. Hoy en día, me siento sumamente bendecida porque cuando tuve un gerente excelente, la persona fue realmente increíble.

En tu caso, comienza por reclutar un mentor, un instructor y un patrocinador. Pero primero, asegúrate de entender la diferencia entre estas funciones.

El instructor

Un instructor te ayuda a identificar oportunidades para mejorar y crecer, te guía para crear un plan que funcione para ti y te hace responsable de este. Las conversaciones van más o menos así: - "La última vez que hablamos, estabas emocionada por la próxima entrevista para el nuevo rol, pero hoy te escucho un poco indecisa. ¿Qué te preocupa?" "¿puedes pensar en algún momento en el que dudaste en empezar algo nuevo y resultó bien? ¿qué aprendiste de eso?"

Tu reacción puede ser: "¡Ay, mi madre!, tengo que actualizar el plan de acción que mi instructor pidió antes de nuestra próxima reunión".

El mentor

Un mentor proporciona orientación en un tema específico basado en anécdotas. Además, te brinda perspectivas para que puedas mantener tu enfoque. Las conversaciones van más o menos así: -"Cuando yo tenía tu posición, era una regla implícita el mantener comunicación abierta con tu contraparte en otras unidades de negocio. ¿Has pensado en eso?".

También podría decir algo así: -"Cuando dirigía tu departamento hace un tiempo, nuestro proceso de aprobación para la implementación de nuevos sistemas consistía en cuatro pasos. ¿Sigue siendo así?"

Tu reacción podría ser: "Hmm, no había considerado eso antes."

El patrocinador

Un patrocinador es tu defensor personal, muchas veces sin que tú lo sepas. Podría decirte algo similar a: - "Sólo para tu información, los individuos del piso 30 estaban intercambiando ideas sobre este proyecto de transformación que curará todas las enfermedades del mundo y puse tu nombre en la lista de líderes potenciales."

Tu reacción podría ser: "Dios mío! ¿Qué has hecho?"

En mi caso yo me armé con una junta de directores. Siempre he creído que tener una junta de directores en lugar de un mentor o un instructor. Como mencioné anteriormente, un mentor (por lo regular) se concentra en un tema o una destreza específica. Como en mi caso tenía varios proyectos en marcha a la vez, y estos tenían repercusiones en múltiples áreas, debe tener más de un mentor. Siempre me he movido a 1000 kilómetros por hora y personas como yo que tienden a enfocarse en exceso (o como yo lo llamo, "síndrome compulsivo de logros"), los mentores se nos quedan cortos rápidamente.

Además, la relación con mentor y el instructor es un compromiso mutuo que puede tomar mucho tiempo en ambos casos. En mi caso, preferí aminorar la responsabilidad de mantenerme enfocada.

El diagrama a continuación muestra el concepto de la junta de directores:

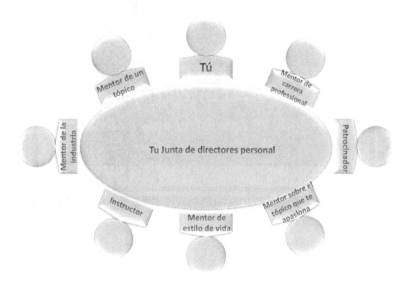

¿Cómo llenas esos asientos? ¡Aumentando **tus contactos!**

Capítulo 3: Tus contactos

No lo pensarías con la cantidad de conexiones que tengo, pero ¿me creerías si te digo que para mí es sumamente incómodo establecer nuevos contactos?

La clave ha sido encontrar el método que me funciona y explotar al máximo esa vía. Como cualquier otra cosa, eres buena en algunas cosas y no en otras. Es importante recordar que el camino para lograr tus metas probablemente será diferente al camino de los demás.

Para mí, que soy una persona introvertida, usar las redes sociales y las reuniones uno a uno son mi fortaleza.

Al principio de mi carrera, inicié mi camino de establecer conexiones dentro de las cuatro paredes de mi organización.

¿Cómo empecé? Comencé con los resultados de los ejercicios descrito en los capítulos anteriores.

Como mencioné, era común ofrecerme como voluntaria para esta asignación o aquel proyecto, y aunque inicialmente cundo me ofrecía para ayudar no lo hacía de la manera más estructurada que digamos, más tarde empecé a incorporar límites para alinear mi interés por apoyar y aprender con mis objetivos profesionales. Seguí ofreciéndome como voluntaria, siempre y cuando fuera una buena oportunidad para poder desarrollar habilidades específicas. Esto me permitió observar y tener acceso a muchísimos individuos de cerca. Algunos me enseñaron las cosas que nunca haría cuando llegara a ese nivel, y otros eran un reflejo de características específicas que quería emular.

Al principio, me ofrecí a tomar notas para alguien durante una reunión. Aunque reconozco el peligro de ser voluntaria para tomar notas, especialmente para las mujeres, en ese momento me dio acceso a determinada reunión mientras me permitía estar atenta y observar los comportamientos y las interacciones. Yo examinaba y mientras tomaba notas, estaba atenta a las características que resonaban con mi sistema de creencias personales. Más tarde, me ofrecí como voluntaria para dirigir una sección de algún proyecto, hasta que finalmente comencé a dirigir mis propios proyectos por completo.

A lo largo de todo ese trabajo voluntario, estuve específicamente atenta a la gente cuyos comportamientos quería emular. No importaba quienes fuesen, ni si eran mujeres, hombres, gatos, perros, anaranjados o verdes. Si hicieron algo admirable, tan sutil como ello fuera, eran parte de mi lista de personas con capacidades fantásticas. Estas personas se convirtieron en mis objetivos. Quería entender sus historias y (con mucha esperanza) la trayectoria que finalmente resultó en el desarrollo de las habilidades que admiraba. ¿Qué hice con mi lista de objetivos?, lo impensable: ¡les hice un acercamiento!

Uno por uno, me puse en contacto con ellos pidiendo un ratito de su tiempo. Debo decir que las primeras veces, estaba petrificada. Hablé con muchísima timidez (o escribí cuando me puse en contacto a través de correo electrónico) mientras luchaba con mi dialogo interno. "¿Por qué demonios te va a responder?" "¿quién te crees que eres haciéndole un acercamiento al líder de esto y aquello?" "Acaba y borra ese correo electrónico." "No vale la pena." "¡Ay, mi madre!, si tu jefe se entera, le va a dar una rabieta y te dirá que estás haciéndole perder el tiempo a esa persona".

A medida que pasaba el tiempo, mejoré mi método de hacer acercamientos. Además, descubrí que no había nada de qué preocuparse. La gente está generalmente dispuesta a ayudar, siempre y cuando:
- Traigas la mejor versión de ti misma
- Seas concisa y directa en tu mensaje
- Respetes su tiempo

¿Habrá personas que no estén dispuestas a ayudar? ¡Claro! Aquellos que no están dispuestos a ayudar simplemente no responden señalándome que es hora de seguir adelante.

Mientras escribo estas líneas, debo compartir que acabo de ser bloqueada en una de mis redes sociales por el CEO de una compañía con quien me puse en contacto después de tropezar y hablar con él en el supermercado a principios de esta semana. Sucede, pero te aseguro que no es la norma.

Algunos ejemplos de mis interacciones:

- Interacción 1:
    - Mi posición: Toma de notas
    - Su posición: Gerente de proyecto
    - Método de alcance: sistema de chat de la empresa
    - - ¡Hola! Mientras tomaba notas para el proyecto Magnolia, me di cuenta de que Juan estaba reportando resultados que eran contradictorios con el plan acordado. Tú lo trajiste a colación respetuosamente durante la reunión, pero me gustaría entender los antecedentes que condujeron al plan establecido. No estoy segura si tienes tiempo para comer con todas tus responsabilidades, pero, ¿podemos charlar durante el almuerzo?

- Interacción 2:

- Mi posición: Representante de la unidad de negocio para el proyecto.
  - Su posición: Patrocinador ejecutivo
  - Método de acercamiento: Persecución en la cafetería (no siento ninguna vergüenza en admitir esto).
  - - ¡Hola!, probablemente no me conozcas, pero soy la líder de la unidad de negocio para el proyecto Olimpia. Durante nuestra reunión del martes pasado, noté algunas cosas que me gustaría aclarar antes de llevar a mi unidad de negocio. ¿Estaría bien si hablamos un poco? (me aseguré de tener una verdadera lista de elementos de discusión en el día acordado).

- Interacción 3:
  - Mi posición: Gerente de programa
  - Su posición: Jefe del equipo legal
  - Método de acercamiento: Reunión de revisión legal del programa
  - Guau, me abriste los ojos ante este riesgo legal que estaba justo al frente. Gracias por compartir. Necesito un mentor para aprender más sobre los riesgos legales de mis iniciativas

actuales y futuras. ¿Te importaría si nos ponemos al día mensualmente? Podemos combinarlo con nuestra reunión de revisión legal del programa para ahorrarte tiempo. También estaría encantada de devolverte el favor y reunirme con cualquier integrante nuevo en tu equipo que necesite información sobre proyectos de tecnología.

- Interacción 4:
  - Mi posición: Directora del programa para iniciativa tecnológica de la empresa
  - Su posición: La nueva ejecutiva para el área de tecnología
  - Método de acercamiento: Asecharla en la cafetería (en serio, al ser humano le da hambre, y temprano en la mañana están frescos y llenos de esperanza para el día... la mayor parte del tiempo).
  - Interacción inicial: -Hola, nos conocimos anoche en la fiesta de lanzamiento del proyecto Montaña Congelada. ¡Bienvenida a nuestra compañía!, sé que te encantará. Me intereso mucho la parte de tu discurso en la que

mencionaste las mujeres en tecnología. Como mujer en la tecnología, me encantaría aprender más sobre tu trayectoria. ¿Puedo Invitarte a un café?
- (Durante el café, impresionada por su disposición calmada ante los desafíos y su trayectoria con la cual me podía identificar): -Esto te puede sonar raro, pero nunca creí en tener un solo mentor. Creo en tener una junta personal de directores para intercambiar ideas y reunir diferentes perspectivas sobre mi enfoque. ¿Te importaría si te considero parte de mi junta personal y tomamos café trimestral?
- Respuesta: Absolutamente. ¡Me encantaría ser parte de tu junta!
- Maravilloso. No estoy segura de cómo puedo devolverte el favor, pero ya se nos ocurrirá algo.

Como puedes ver, no hay nada aterrador en hacer un acercamiento, siempre y cuando hagas tu tarea, establezcas una estrategia, e identifiques un punto de intersección. Estoy segura de que te preparas antes de dar una presentación o antes de dar un informe sobre algo en lo que está trabajando. El establecimiento de nuevos contactos se debe tratar de manera similar. ¡Haz tu tarea!

En mi caso, no hago acercamientos sin completar los siguientes pasos:

Objetivo – Contexto – Estrategia – Plan – Ejecución

¿Qué tal establecer contactos fuera de tu propia empresa? ¡Ay, que miedo!

Debo admitir que este es mi talón de Aquiles, pero también he mejorado un poco con el pasar del tiempo. Dicho esto, al día de hoy, cada vez que asisto a un evento a gran escala (especialmente al principio) sufro de lo que llamo mis 10 minutos de pánico. No es miedo necesariamente; es más como una enorme incomodidad sobre el potencial de conversaciones forzadas y sin sentido. Soy introvertida, ¿recuerdas? A pesar de esto no me desanimo. Me obligo a asistir al menos a un evento cada semana y estar presente y socialmente disponible para quien se me acerque, porque ahora me doy cuenta de que muchos pueden estar sintiéndose exactamente de la misma manera que yo. En mi caso, preferiría trepar por las paredes, preferiblemente desapercibida, ir a mi cama, deslizarme debajo de la colcha y leer un buen libro. Por otro lado, me doy cuenta de lo importante que es fomentar y aumentar mis conexiones, así que, a pesar de todos los berrinches y dramas dentro de mi cerebro, sigo asistiendo, presentándome de manera accesible, y termino pasando un buen rato con la serie de desconocidos a mi alrededor. Algunos de ellos son lo suficientemente atrevidos como para darme su tarjeta de negocio. Más tarde, doy seguimiento a esos nuevos contactos.

Podrías pensar, bueno, realmente no tengo un negocio, así que no tengo una necesidad de establecer contactos fuera de mi empresa, o mi excusa favorita: "Pero estoy tan ocupada. No tengo tiempo para establecer nuevos contactos". Déjame decirte que si realmente quieres crecer profesionalmente, explorar lo que está sucediendo fuera de las paredes de tu empresa, y ver qué nuevos elementos puedes añadir a tu enfoque de trabajo, necesitas nuevos contactos. No es necesario ir a todos los eventos. Solo asegúrate de elegir estratégicamente eventos que se orienten con tus objetivos y tu estrategia de crecimiento.

¿Qué otro valor podría obtener de los eventos adecuados? Aquí algunos ejemplos:

- Explorar nuevas oportunidades de empleo
- Descubrir nuevos mentores o miembros de tu junta personal de directores
- Aprender cómo otros abordan situaciones difíciles
- Descubrir tendencias emergentes
- Descubrir oportunidades de voluntariado
- Mostrar tu lo fabulosa que eres
- Mostrar los ofrecimientos de tu empresa
- Aprender sobre tus competidores
- Descubrir los servicios de los que puedes beneficiarte personalmente

No es broma, fue durante un evento para establecer conexiones que descubrí una de esas increíbles compañías que envían cajas de ropa y que ofrecen varias opciones directamente a mi puerta. En otro evento, me educaron sobre el hecho de que la gente alquila ropa en lugar de comprarla para eventos especiales. Luego otra vez descubrí que puedes usar esmalte de uñas gel para los dedos de los pies. ¿Quién sabría todas estas cosas?

Tengo más anécdotas profesionales, como encontrar a mi segunda empleada mientras estaba en una actividad promocional para espacios de oficina temporales, donde un saludo se convirtió rápidamente en una entrevista, seguida por una oferta de empleo a la mañana siguiente. Pero las historias inesperadas lo hacen más divertido, y al fin y al cabo estoy tratando de convencerte para que vayas.

Como cualquier experiencia significativa, crear buenas conexiones requiere tiempo, esfuerzo, práctica, y si eres como yo, una persona que no establece conexiones naturalmente, se necesita estrategia y preparación. En mi caso, requerí mucha preparación debido a mi naturaleza introvertida, la cual requiere muchísimo espacio personal. Hoy en día los ambientes para establecer conexiones abarcan muchas áreas: causas sociales, eventos profesionales, causas benéficas, causas comunitarias y mucho más. Puedes exponerte a todo, y para cada una de esas redes necesitas prepararte adecuadamente y estar a la altura de la ocasión. Como este libro tiene el propósito de orientar mujeres en su desarrollo profesional, me centraré en el establecimiento de conexiones profesionales y probablemente adivinaste bien: hay muchas redes para eso también.

Si lo piensas, cuando tienes un propósito claro y tus valores principales definidos, puedes navegar en estos eventos como una experta. Con los resultados de los dos capítulos anteriores, intenta determinar cuáles son tus motivadores principales, lo que tú estás tratando de lograr, qué habilidades estás tratando de desarrollar y qué áreas has dominado. El resultado de este pequeño ejercicio debe darte un marco básico para determinar los resultados específicos que necesitas tener al final del evento para establecer conexiones y por lo tanto, tener éxito. Este marco básico te permitirá minimizar las conversaciones mundanas y sin sentido para poder enfocarte en charlas más serias que te permitan conectar con las personas.

Déjame darte un ejemplo con todos los elementos juntos:

Aunque soy un introvertida, necesito trabajar con la gente para prosperar. Sólo necesito tiempo a solas al final del día para recargar.

Propósito: he descubierto (a través de mucho trabajo, entrenamiento e introspección) que mi propósito es sentirme espiritualmente conectada, convertirme en una mejor versión de mí misma, e inspirar a los que me rodean a hacer lo mismo.

Meta: mi meta personal es hacer crecer mi negocio, que se centra en trabajar con líderes empresariales para mejorar la ejecución operativa de las organizaciones medianas, permitiéndoles mantener el crecimiento y reducir los costos operacionales. De esta manera se convierten en una mejor versión de sí mismos.

Actividades: hoy en día todas mis actividades, incluyendo actividades de voluntariado, desarrollo profesional y compromisos, apoyan mi propósito y meta.

Con base en esto, voy a eventos profesionales con los siguientes objetivos en mente:

- Descubrir oportunidades donde puedo ayudar y también aprender de individuos con una trayectoria similar a la mía.
- Encontrar profesionales a los que pueda ayudar o que me puedan ayudar.
- Encontrar oportunidades disponibles para conectar profesionales afines y así mejorar mi credibilidad como recurso de desarrollo personal.
- Reavivar las relaciones profesionales anteriores.
- Encontrar empresas que puedan necesitar mi ayuda.

Y este último punto es muy importante. Cuando eres nuevo en tu entorno de contactos, especialmente cuando la organización promotora ha coordinado eventos por algún tiempo y todos los demás parecen conocerse, deberás acudir con la mentalidad de *cómo puedes ayudar*, en lugar de *cómo pueden ayudarme*. Lo que puedes ganar (al menos inicialmente) debe ser una relación. Con el tiempo, ganarás mucho, créeme, pero tienes que construir poco a poco hasta ese punto, y dicha construcción toma tiempo.

¿Crees que aún no tienes nada que ofrecer? ¡Piénsalo de nuevo!

Si completaste los ejercicios en los dos primeros capítulos, puedes ayudar a alguien guiando a esa persona a progresar a través de ellos. Tal vez eres muy eficiente en las redes sociales y puedes enseñar a alguien a sacar el máximo provecho de las suyas, o puedes orientar a personas no muy diestras en este campo para maximizar sus objetivos.

Aquí va una anécdota relacionada: durante un evento para establecer contactos, una joven en su segundo año de universidad llegó con su currículum en la mano. Ella interrumpió la conversación que estaba teniendo con otros profesionales y dijo: "Soy estudiante de comunicaciones que busca hacer un internado, pero más que nada quiero aprender sobre la industria de la consultoría. Por esa razón, me preguntaba si podría administrar sus cuentas de redes sociales gratuitamente, y de esa manera, puedo aprender sobre los temas que son importantes en la industria y a qué reaccionan los profesionales en la industria". Me quedé pasmada. Quería contratarla como mi instructora personal.

Puedo apreciar lo difícil que es conocer gente nueva en un entorno desconocido. Si no tienes el impulso de la estudiante anterior (yo de seguro no lo tengo), puedes utilizar mi estrategia favorita:

Busca a personas que parezcan estar tratando de familiarizarse con el ambiente o esperando que lleguen sus compañeros de trabajo. Siempre hay alguien con quien puedes relacionarte porque se ven tan incómodos como tú. Ese debería ser tu objetivo inicial. Una vez que establezcas una conversación inicial, buscas para el siguiente objetivo.

Otra estrategia es ubicarte cerca del café. De esa manera puedes hacer contacto visual con el primer bebedor de café y presentarte.

Algunos consejos:
1. Se honesta: está bien decir "este es mi primer evento para establecer contactos".
2. Sé tú mismo: he comenzado conversaciones con - "Qué incómodo establecer nuevos contactos, ¿verdad?"

3. Escucha: antes de que vendas nada, o a nadie, escucha. La otra persona siempre necesita algo. Si empiezas descubriendo eso, fortaleces tu propia credibilidad.

   Una vez que termine el evento e intercambies tarjetas de negocio, escribe una pequeña nota detrás ésta. Escribe algo que te ayude a recordar a esa persona. Hazlo tan rápido como puedas (preferiblemente la misma noche… tal vez mientras estás en el estacionamiento antes de ir a casa, … pero sin conducir, por favor). Créeme, apreciarás esta acción al día siguiente cuando todo empiece a mezclarse y las experiencias empiecen a borrarse.

   Algunas de mis notas incluyen lo siguiente:
- La señora que acaba de mudarse a la ciudad y no puede encontrar buena comida autentica regional.
- El caballero que tiene cuatro niños en futbol.
- El primer jefe de Marta cuando trabajaron en 123 Supply.
- La señora con los zapatos fabulosos.
- El joven elocuente con la fabulosa corbata violeta que le hicieron a la medida.

¿Cómo ayuda esto? De primera instancia, me ayuda a vincular la cara con el nombre. Además, me ayuda a incluir una nota personal en caso de que decida enviar un correo electrónico o llamarlos para darles seguimiento y solicitar tiempo en su agenda. Le doy seguimiento inicial a todos. ¡Todos! La razón es que tú nunca sabes qué sinergias se pueden encontrar o cómo podemos ayudarnos mutuamente con los objetivos actuales o futuros. Por supuesto, le doy prioridad a conectarme en persona de acuerdo con mis objetivos, y coordino para darle seguimiento periódicamente, pero en general, me conecto con todo el mundo y tú deberías hacerlo también.

Recapitulemos con algunos **pensamientos de despedida.**

Capítulo 4: Pensamientos de partida

Es importante señalar que el desarrollo profesional y el crecimiento personal no es ni un destino ni un objetivo particular por lograr, más bien es un viaje constante. Como tal y como cualquier otro, requiere de un destino para hacer los preparativos adecuados.

¿No estás segur hacia dónde ir? Entonces pregunta entre las personas que conoces y escucha atentamente esas respuestas. Puedes escuchar podcasts, leer biografías y leer blogs profesionales. Puedes cambiar tu destino cuantas veces sea necesario, pero si no comienzas con algo, será difícil llegar a cualquier lugar.

Como dice el refrán: Si no sabes a dónde vas, cualquier camino te llevará allí.

Creo firmemente que el conformismo es la semilla del estancamiento, y el estancamiento es la raíz de la infelicidad, lo que al final es la causa un millón de otros problemas. ¿Mi consejo? Comienza con los ejercicios descritos a lo largo de este libro. No sobre analices el contenido de lo que escribiste; siempre puedes volver atrás y actualizar tantas veces como necesites.

Si acaso te preguntas ¿qué hacer después de llegar a este punto en el libro? Bueno, para empezar, celebras porque has iniciado un maravilloso viaje de empoderamiento y auto crecimiento. Tan importante como es dedicar esfuerzo y enfoque a tu oficio, también es importante celebrarse a sí mismo a medida que logras pequeñas metas en el camino. Tenía un jefe que con frecuencia decía: "No es necesario comerte toda la manzana. Sólo toma un bocado a la vez". Ese dicho resume la mejor manera de lograr tus metas mayores: tómalo un día a la vez. ¿Tienes un objetivo gigante? Divídelo en pequeños logros y celebra cada uno de ellos. Esto te motivará, y esta motivación es extremadamente necesaria, junto con la autodisciplina, para que puedas alcanzar tus metas y sigas progresando a lo largo de tu viaje.

Después de ese momento de celebración, comienza de nuevo desde el principio. Este libro debe servir como una guía que puedes utilizar en cualquier momento que sientas que has llegado al tope de tu profesión y estás lista para el siguiente paso. La buena noticia es que no tienes que empezar de cero, sino ajustar tus metas en tu ejercicio de autoevaluación. ¿Nuevo objetivo profesional? Vuelve a visitar la ruta, corrige el curso según sea necesario y ejecuta tu plan.

A medida que avanzas en tu camino, siempre es importante tener en cuenta lo siguiente:

El desarrollo profesional y el crecimiento son trabajos duros, pero se vuelven manejables cuando te rodeas de las personas adecuadas.

Como cualquier viaje largo, parte de tu apoyo debe ser rodearte de personas maravillosas. No tienes idea de cuántas personas tuve que despedir desde mi junta de directores o de mi círculo de "amigos cercanos". Sí, eso incluye agregar cierta distancia con algunos familiares y ciertos amigos que alguna vez fueron muy cercanos. Hoy estoy *muy* en paz con esas decisiones. Tenía suficientes desafíos que superar y no podía permitirme añadir los pensamientos negativos y las críticas y comentarios basados en el miedo de los demás.

No me malinterpretes, *todos* tenemos días buenos y días no tan buenos, pero debes prestarle atención al resultado de la mayoría de tus interacciones. Las personas que constantemente cuestionan tu camino al éxito y te desafían con juicios disfrazados de bromas pesadas o "preocupaciones" no pertenecen a tu círculo íntimo. Tampoco debería haber sentimiento de culpa o resentimiento por tu parte. Tienes que recordar que cada uno tiene sus propias metas y caminos a seguir. En la misma medida en la que tu respetas sus decisiones, debes exigir que respeten las tuyas. Además, recuerda que las personas a tu alrededor pueden estar luchando con sus propias limitaciones y retos personales. Tan considerados como pueden ser algunos de los comentarios, otros no tendrán nada que ver contigo y punto. Siempre tienes la opción de establecer distancia con las personas que no llenan tu alma. La realidad es que eres el promedio del grupo de personas con las que te rodeas a diario. No se cual sea tu caso, pero tan altas son las expectativas para mí como lo son para la gente que me rodea. En resumen: *¡tienes que encontrar tu clan!*

Ahora, no quiero decir que sólo te rodees de gente que te dice lo bonita que eres cuando tengas pasta de dientes en la camisa y no te hayas peinado por varios días. Lo que quiero decir es que debes rodearte de personas que, a través de la crítica constructiva, el aliento, el apoyo y sus propios ejemplos positivos, te permitan alcanzar tus metas.

Esto se aplica tanto a las personas que te ayudan como a las personas a las que tú ayudas. A lo largo de los años he sido mentora de muchas personas; algunas de estas han sido excepcionales, pero una cosa en la cual me mantengo muy firme es el mantenerme alejada de la actitud de derrota o desánimo constante, porque esa mentalidad se contagia. Soy la primera animadora de cada uno de mis compañeros, la primera en explorar nuevas posibilidades de enfrentar los retos. Los guío a explorar y emplear el potencial que tal vez no habían descubierto, además de generar nuevas ideas para volver a enfocar sus estrategias. Dado que sé que habrá días malos, soy la primera en ayudar cuando es necesario. Aún así, no puedo aceptar una mentalidad de derrota o una persona que constantemente asume el papel de víctima. Te ayudaré a salir, pero necesito ver el deseo de hacerlo.

    A medida que navegas para orientarte con las personas a las que has identificado para establecer colaboraciones, asegúrate de hacer un poco de investigación sobre ellas antes de hacer tu primer acercamiento. ¿Qué cosas les son importantes? ¿cuáles son sus antecedentes? ¿qué causas apoyan? ¿por qué? En primera instancia, estos pueden convertirse en temas perfectos para iniciar una conversación y permitirte evitar conversaciones vagas. En segundo lugar, te da los conceptos básicos necesarios para identificar las intersecciones con tus intereses, y lo más importante, las áreas en las que tú puedes proporcionar valor.

    El desarrollo profesional y el crecimiento deben ser un enfoque holístico que cubra tu marca personal en general.

    No importa so lo admitimos o no, la forma en la que te proyectas dicta el ritmo de tu crecimiento.

Todo el mundo está ocupado. Todo el mundo está *muy* ocupado, y los líderes dentro de una organización no se tomarán el tiempo para incrementar tus capacidades, guiarte, o entrenarte si sus esfuerzos no van a ser tomados en serio. Piénsalo por un segundo, digamos que decides ser voluntario. ¿Continuarías haciéndolo si tus esfuerzos nunca fueran apreciados? ¿si cada vez que te reciben lo hacen con un saludo frío? Claro, va a haber momentos en los que las personas no están en un buen lugar emocionalmente, pero esa debe ser la excepción y no la norma de tus interacciones. De la misma manera, va a ser difícil para un mentor separar tiempo periódicamente para ti si dichos periodos no son apreciados, ni tomados en serio.

Antes de hacerle un acercamiento a alguien, haz una pequeña autoevaluación. Algunas preguntas que podrían ayudar son las siguientes:
- ¿Cómo podría interpretarse mi mensaje?
- ¿Qué impresión causa mi presencia?
- ¿Cómo afectan mis acciones a quienes me rodean?

El autoconocimiento es una de las características más invaluables en los mejores líderes que he conocido.

Como seres humanos, pensamos que aquello que hacemos y la manera en la que nos desempeñamos, es la mejor, pero ¿es así realmente?

Otro elemento para tener en cuenta en cuanto a la impresión que tú causas es que, nos guste o no, *todos* tenemos prejuicios implícitos que facilitan parte de nuestro proceso diario de toma de decisiones. Los prejuicios son concepciones asumidas que precipitan nuestra toma de decisiones. La buena noticia es que muchos procuramos disminuir los casos en los que prejuzgamos injustamente. La mala noticia es que no siempre seremos perfectos porque somos humanos. Una manera de superar esto es prepararse y mostrar lo mejor de ti en todo momento.

Seguridad en ti misma, respuestas asertivas (incluso cuando la respuesta sea "no lo sé"), y una presencia pulida son siempre elementos básicos para ayudar a que el destinatario esté abierto a interactuar contigo. Piensa en los momentos en que has estado callada durante alguna reunión, o en los momentos en que te has sentido demasiado tímida durante un evento de redes de conexiones. Si bien es posible que hayas estado petrificada para decir una palabra, la persona cercana a ti te pudo haber percibido como desinteresada o molesta. Nunca vas a saber quién está al pendiente y cuándo va a presentarse una oportunidad, así que mejor estar siempre preparado y traer la mejor versión de ti.

También es importante que consideres como te estas presentando no solo en persona, sino también en las redes sociales. Recuerda que de la manera en que tu encuentras a las personas en las redes sociales para aprender sobre sus intereses, e identificar sinergias para colaboración, es la misma forma que otras personas usan para encontrarte y aprender sobre tus intereses.

Reflexiona en esto por un segundo antes de seguir adelante.

El desarrollo profesional y el crecimiento no son una carrera, sino más bien un maratón.

Creo firmemente que el fracaso ofrece la mejor plataforma para el éxito futuro. Considero que si tienes una mentalidad positiva, el fracaso elimina las preconcepciones erróneas y las creencias firmemente inculcadas por nuestro entorno, lo que te permite ir a través de la ventana de posibilidades ilimitadas. Mientras te preparas para tu maratón de desarrollo y crecimiento, disponte a fracasar frecuentemente y a tener decepciones. Luego aprende a sacudirte el polvo, ponerte un poco de lápiz labial y seguir adelante con la misma frecuencia.

Hay una gran diferencia entre tropezar, caerte ... y desplomarte, y ser incapaz de ponerte de pie nuevamente. Al caminar, también hay una gran diferencia entre la decepción momentánea por un fracaso temporal *versus* una mentalidad victimizada por un sentido de derrota. Aprende a reconocer estas dos cuando situaciones difíciles aparezcan en tu viaje. Presta atención a que dije "cuándo aparezcan" y no "por si aparecen". Las situaciones difíciles van a suceder, por lo que es mejor prepararse para ello con un plan B y a veces un plan C. El otro día leí una cita que decía: "El éxito no es definitivo, el fracaso no es fatal. Es el valor de continuar es lo que cuenta".

Tal vez estarás pensando: "Tú dices que debo hacer esto, y evaluar lo otro, pero tengo un trabajo a tiempo completo, 15 niños y 3 perros. ¿Cómo hago tiempo para mejorar mi carrera también?" Bueno, estoy a punto de añadir algo más. Como parte de correr tu maratón, o una serie de maratones, también necesitas darle prioridad a tu cuidado personal. Debes recordar que cuando no te cuidas a ti mismo no puedes cuidar de los demás. Cuando tú no estás bien, no puedes hacer mucho más, y le darás sobras a aquellos que dependen de ti. Conozco a varios maratonistas y casi todos alimentan sus cuerpos con alimentos nutritivos. Los maratonistas competitivos añaden suplementos, terapia, entrenamiento y entrenadores. Cuanto más difícil sea la carrera, más preparación y combustible se requiere. Sólo tú puedes decidir cómo manejas tu cuidado personal, pero al mínimo que necesita tiempo para llenar tu alma, a través del método que mejor eleve tu espíritu.

Arianna Huffington dice: "Cuidamos bien de nuestros teléfonos, enchufándolos en todas partes cada vez que vemos una toma de corriente. Debemos ser la mitad de diligentes con nosotros mismos".

¿Cuándo vas a hacer todo esto? Permíteme darte un ejemplo. ¿Recuerdas esa vez cuando tenías un reporte pendiente en la universidad y alguien te invitó a una fiesta? ¿te divertiste a pesar de que no bebiste porque tenías que completar ese reporte? Así es como lo haces. Haces el tiempo.

Tal vez tomas una tarde libre para trabajar en tu autoevaluación y desactivas el plan de datos de tu teléfono para evitar distracciones en las redes sociales. Tal vez te despiertas un poco más temprano por un par de días. Tal vez no ves Netflix por dos semanas seguidas, o tal vez en lugar de almorzar fuera, llevas tu almuerzo a un salón de conferencia y cierras la puerta.

Además, con la tecnología al alcance de tu mano, puedes escuchar un podcast mientras cocinas, o poner un audiolibro mientras estás viajando hacia o desde el trabajo.

Las posibilidades son infinitas cuando eres creativo.

Y finalmente...

El desarrollo profesional y el crecimiento son más dulces cuando los compartes con otros.

Has trabajado, has desarrollado, has crecido. ¿Y ahora qué?

¡Comparte tus conocimientos y ayuda a los que te rodean a crecer!

Si eres gerente, tu principal responsabilidad es ser una buena influencia y ayudar a tu equipo a lograr los objetivos de tu organización. La mejor manera de ganar credibilidad y confianza es cambiando tu enfoque y pasar de ser alguien que controla los resultados a alguien que da el ejemplo, dirige y da apoyo. Esto lo puedes lograr a con honestidad, la vulnerabilidad y un sincero interés para ayudar a cada uno de los individuos en tu equipo a mejorar sus habilidades y capacidades para lograr nuevos niveles.

Hace poco asistí a un seminario de mercadeo donde la presentadora abrió la charla diciendo: "No soy experta en el tema, pero quiero compartir lo que he aprendido hasta ahora". Nunca he visto una clase más atenta a lo largo de las dos horas de duración.

Es difícil ser un gerente excelente si no has tenido un gerente excelente. Sin embargo, en este punto tú has enfrentado los retos y has demostrado que se puede lograr. Ahora tienes un equipo bajo tu cargo que observa cómo te presentas y cómo operas. Una vez que estés bien invertida en tu plan de crecimiento, y preferiblemente cuando hayas logrado al menos uno o dos objetivos, asegúrate de apoyar a tus compañeros de trabajo y ayudarlos a subir en la medida que tú lo hagas. Te lo debes a ti misma, pues al seguir escalando, le muestras el camino a los que están vienen detrás de ti.

Si aún no eres gerente, piensa en las formas en las que puedes ayudar a profesionales más jóvenes, en especial a los que tienen un futuro prometedor. Ayúdalos a ponerlos en marcha en su propio camino de crecimiento. Puedes ofrecer tu tiempo como voluntaria de una manera estructurada o de una manera menos formal con tus compañeros de trabajo. La forma más fácil de comenzar un programa de voluntariado estructurado es a través de la escuela o universidad a la que asististe en el pasado, sirviendo como mentor de los estudiantes. Otras opciones menos formales pueden ser el ser mentor de los estudiantes que forman parte del programa de internado de tu compañía, o tal vez de los nuevos empleados contratados en tu empresa. ¿Quieres alejarte de una conexión directa a tu empresa como voluntaria? Entonces puedes ser voluntaria con una organización vinculada a tus pasiones personales, donde podrás evaluar tus habilidades en un entorno diferente, lo que te permitirá seguir creciendo. Hoy en día, existen múltiples organizaciones dedicadas a servir la comunidad que te rodea de innumerables maneras. Explora tu entorno, pregunta a tus contactos y oriéntate con aquellas que se acercan a tu misión y pasiones personales.

¿Tu agenda es de locos? Entonces, ¿qué tal si escribes un blog o grabas un video, o tal vez escribe un artículo donde compartes tu ruta de crecimiento? Puedes describir el camino por el que pasaste y los desafíos que superaste. Estos pueden convertirse en una herramienta para el éxito de otras personas que experimentan desafíos similares. Siempre recuerda que lo que haces por los demás para beneficiar tu entorno, al final tea ayuda a ti también.

Así que, después de encontrar tu propósito, esfuérzate incesantemente para convertirte en una mejor persona, y armarte con las mejores alianzas, ¿qué puede detenerte?

¡Nada!

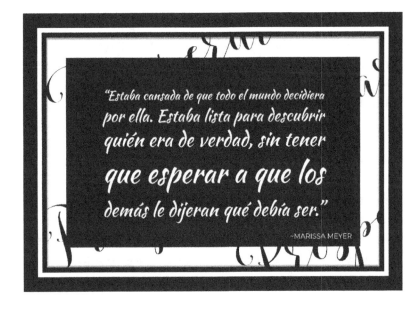

Agradecimientos

Hay varias personas de las cuales vivo agradecida porque han servido como la palanca que me lanza hacia el siguiente paso una vez que he alcanzado la meta actual. Todos me mantienen en el camino hacia la excelencia: la doctora Cristina González, Migdalia Rodriguez, Audrey Russo, Kelly Fetick, Shannon Gregg, John Miller, y mi amiga que ya no me acompaña físicamente, Elisabet Rodríguez. Gracias por ser VERDADEROS patrocinadores, animadores y amigos.

A mi mamá por ser la voz de la razón práctica y mi guía hacia la calma.

A mis hijas Natalia y Ana Sofía, gracias por su paciencia, sus palabras alentadoras, y especialmente por su independencia. Sus interesantes sugerencias de mercadeo hicieron que mami pensara de manera innovadora… definitivamente fuera de la norma en el que no había normalidad para empezar.

Por encima y más allá de todas estas personas clave, no hubiese logrado tanto si no fuera por el apoyo alentador de mi esposo Miguel González, Jr. Gracias por constantemente impulsarme a convertirme en una mejor versión de mí misma y por decir que sí y ocultar tu cara de pánico con mis ideas locas. No podría haber elegido un mejor compañero para esta carrera.

Made in the USA
Las Vegas, NV
02 November 2023